© 2021

Autor: Hermann Niemann
Umschlaggestaltung, Illustration: Hermann Niemann

Verlag & Druck: tredition GmbH, Halenreie 40-44,
22359 Hamburg
ISBN: 978-3-347-20618-2 (Paperback)
        978-3-347-20619-9 (Hardcover)
        978-3-347-20620-5 (e-Book)

Bibliografische Information der Deutschen
Nationalbibliothek:
Die Deutsche Nationalbibliothek verzeichnet diese
Publikation in der Deutschen Nationalbibliografie;
detaillierte bibliografische Daten sind im Internet über
http://dnb.d-nb.de abrufbar.

Die Badezimmerwannenbrause

Lyrik mit Humor und Ironie

Hermann Niemann

- Amüsantes aus dem Alltag -

- Amüsantes aus dem Tierreich -

- Amüsante Märchen -

Lyrik

Wenn du die Muse hast zu lesen,
der Tag für dich ist lang gewesen ,
die Zeit für den Roman nicht reicht,
dann macht es ein Gedicht dir leicht.

In diesem Büchlein steht manche Zeile,
die dich befreit von Langeweile.
Sein Inhalt ist recht amüsant,
vergleichbares ist dir bekannt.

Humor ersetzt kein Geld der Welt,
wenn du ihn hast, bist du ein Held.
Wenn du mal schießt ein Eigentor,
verzeiht dir dies auch dein Humor.

* * *

Die Badezimmerwannenbrause

Die Badezimmerwannenbrause
war mal bei wem daheim zuhause
nicht mehr so frisch und appetitlich,
die Frau so eine neue wünscht' sich.

Die Fahrt nun in den Baumarkt führt,
der Baumarkt viele Modelle kürt.
Es gibt sie teuer und schön billig
Die Frau ist meist fürs Teure willig.

Die Abteilung Bad im letzten Gang,
der Weg dahin viel Blicke fängt.
Regal sich an Regal hier zwängt
Die Frau ihr Verlangen wohl bekennt.

„Ach Schatz, schau mal die Garderobe,
und wie hübsch die Lampe oben,
viel schöner noch der Sonnenschirm.
Ach Schatz, der würd' mich interessier'n"

Das Ziel noch lange nicht erreicht,
die Frau stets von dem Weg abweicht.
So führt der schwere Gang zur Brause
noch lange nicht zurück nach Hause.

Nun werden Schnäppchen aufgerissen,
'nen Bettvorleger glaubt sie zu missen.
Ein neues Wachstuch muss herbei
und Gardinen fehlen auch noch zwei.

Nach mehr als einer Stunde dann,
der Mann ist müde, nicht mehr kann.
Der Einkaufswagen randlos voll
mit Krempel den sie gar nicht woll'n.

Genervt sie nun zur Kasse gehen.
Den Mann wird man nun toben sehen.
Sein Budget ist mehr als überfordert,
als die Kassiererin die Karte ordert.

Als dieser Akt ist nun vollbracht,
stinksauer er das Zeugs einpackt.
Die Heckklappe so grad' noch schließt.
Adrenalin nun durch die Adern schießt.

Schweigen füllt den Weg nach Hause,
vergessen haben sie die Brause.
Der Mann an eines nur noch denkt:
„Wer hat mein Schicksal so verrenkt?"

* * *

Unterm Baume

Wenn du unter einem Olivenbaum
im Garten in Kroatien liegst
und eine Frucht vom Ast sich löst,
die Fallkraft auch beteiligt ist,
so merkt dein Schädel nur wie's zwickt.

Wenn du unter einem Apfelbaum,
ruhst friedlich da und bist im Traum.
Der Baum möcht' dir 'nen Apfel „schenken",
die Fallkraft wird ihn auf dich lenken,
dann merkt sich dies dein Hirn dann schon.

Wenn du unter einem Baum der Birne,
genüsslich Zeit vertreibst mit einer Dirne
und wenn an einem schwachen Zweige,
die Fallkraft dann löst eine Frucht,
dann sorgt die Beule für den nächsten Frust.

Wenn du unter einem Quittenbaum
den Mund befreist vom Bieresschaum,
die Früchte schon verdächtig baumeln
und schnurstracks auf dein Haupte taumeln,
dann tut's schon mal ein bisschen weh.

Wenn du unter einer Pampelmuse
im Schatten und entspannter Muse,
vergisst so auch, dass dieses Obst,
wenn Wind noch tobt, nach unten strebt,
So ist nun deine Mütze zu nichts mehr nütze.

Und döst du im Zenit der Kokosnuss,
sie hängt nicht ewig, was du wissen musst,
und nicht die Flucht alsbald erwägst.
Da ist die Nuss schon auf der Reise
in Richtung Stübchen deiner Meise.

Doch diese Landung wird zu heftig.
Der Aufprall dieser harten Nuss,
dein Ende nun bedeuten muss.
Den nächsten Baum, das ist zwar traurig,
dir unterm Stamm dann anschau'n musst...!

* * *

Die Rübe

Die Rübe steckt bis zum Hals im Dreck,
die möchte gern' mal von hier weg.
Darum die and'ren Rübkollegen
halten sie für sehr verwegen.

Die Rübe namens Edeltraud,
lebt einsam und genervt im Kraut.
Sie träumt von einem großen Trip,
und weiß nicht wie, hat keinen Tipp.

Der Bauer nervt sie mit der Hacke,
die Rübe denkt, der hat 'ne Macke.
Ein Gaul knabbert an ihrem „Haar",
doch dort nie mehr als Blattgrün war.

Doch eitel wie die Edeltraud,
die nicht mal ist ein edles Kraut,
wird ihren Plan wohl kippen müssen,
und zeitlebens die Freiheit missen.

Doch eines Tages wird sie "befreit",
der Bauer mit der Hacke eilt.
Ein Gaul nicht faul, sie gleich verschlingt,
und mit ihr selbst das Feld dann düngt.

Nun ist die Moral von der Legende:
Ihr Traum fand nun im Gaul das Ende.
Und was dann hinten noch geschah,
das ist zwar Sch...., aber wahr !

* * *

Der Fliegenpilz

Im Wald und auf der Weide,
sowohl auch auf der Heide,
da wächst der Fliegenpilz
es sei, ein Narr hat ihn gefilzt.

Er ist schön anzuschauen,
doch selten mag ihm jemand trauen.
So freut er sich des Lebens,
sein Gift garantiert es eben.

Schon in der bunten Märchenwelt
sorgt er für allerlei Gedichte.
Was ihn jedoch nicht macht zum Held,
erzählt nun folgende Geschichte.

Wenn er glaubt er ist so schön,
und niemand wird ihm böses tun,
dann ist er schief im Denken.
Nicht jeder will ihm Leben schenken.

Dann kommt vorbei ein Stachelritter !
Vielleicht geflogen auch ein Vogel !
Eventuell sind's auch Ameisen !
Die alle wollen ihn doch verspeisen !.

* * *

Der Kürbis und der Pflaumenbaum

Der Kürbis meist stinksauer,
denn immer kam der Bauer
und trat ihm auf den Kopf,
bevor er musste in den Topf.

Da dachte laut sich dies Gemüse:
„Ach, wie ist das Leben doch so trübe!
will auch so sein wie eine Pflaume,
will wachsen hoch auf einem Baume."

Ein Pflaumenbaum, der dieses hörte,
und ihn das Labern schon sehr störte,
sprach zu dem Kürbis recht verächtlich:

„Du bist zu dick, mein Ast zerbrechlich.
Wie kannst du hoffen und nur wagen,
und träumst ab jetzt ich soll dich tragen.
Nee nee, mein lieber runder Knabe,
so läuft und springt noch nicht der Hase."

Der Kürbis darauf hin enttäuscht
ist alles andere als erfreut.
Nahm den Baum nun in die Pflicht:
„Du siehst das nur im falschem Licht,
du bist doch mächtig und robust!"

Der Baum genervt und selbstbewusst:
„Ach sei doch ruhig du dummer Wicht,
du denkst nur nicht an dein Gewicht.
Die Pflaume ist da viel gescheiter
und auch sozial gesehen sehr viel weiter.
Sie ist so klein und so bescheiden
und deshalb musst du sie beneiden.
So kann sie in Gesellschaft sein
nicht wie du Rundling, bist allein.„

Der Kürbis hat es nun kapiert,
das aus dem Traum nun nichts mehr wird.
Doch wozu braucht er einen Baum,
nur um von oben herab zu schau'n?
Die Ernte droht ihm auch da oben,
was soll er da den Baum noch loben?

Denn eines tat er übersehen,
das jeden Sturm er wird bestehen.

* * *

Der Braumeister

Die meisten aller grünen Hopfen,
werden irgendwann begehrte Tropfen.
Je nach saisonaler Wetterlage,
dauert dies schon ein paar Tage.

Der Brauer, der die Sache meistert,
ist bei der Arbeit recht begeistert.
Erst kommt das Malz mit in das Spiel,
von diesem braucht er meist recht viel.

So mengt nun er das Malz zum Hopfe,
und beide gären dann im Topfe.
Die Maische blubbert, kocht und duftet,
der Meister lacht, und fröhlich schuftet.

Als dann der Brauer, diese Leuchte,
schon probiert hat mal das Feuchte,
dann ist die Freude riesig groß.
„Bald ist bei mir wieder was los!"

Nun ist die Reifezeit vorbei,
und fertig ist die Maurerbrause.
Eröffnet ist nun die Saison,
die ersten Gäste kommen schon.

Die Kundschaft füllt langsam den Raum.
Real wird nun des Brauers Traum.
In Strömen fließt der Gerstensaft
und so ne' gute Stimmung schafft.

Angereist kommen sie in Bussen
weil sie den Durst nun stillen müssen.
Sie bleiben meist zwei bis drei Stunden
spendieren gegenseitig Runden.

Der Schankraum meist von Gästen wimmelt.
Der Rubel rollt, die Kasse klingelt.
Gefragt wird stets nach Flüssigbrot,
so kennt der Brauer keine Not.

So geht das nun Tag ein Tag aus,
betrunken fahren sie das Haus.
Das ganze Jahr geht das so weiter,
Das macht den Brauer reich und heiter..

Doch sieht so aus die Hochkultur?
Danach der Schädel brummt meist nur?
Der Schluckspecht wird so kurz zum Held.
Der Brauer freut sich auf sein Geld.

* * *

Der Würstchenzar

Die Bude steht dicht am Pissoire,
recht praktisch für den Würstchenzar.
Ab elf hat er die Bude offen,
der erste Kunde schon besoffen.

Gleich ordert der ne' Büchse Bier
und säuft sie wie ein Büffel-Tier.
Der nächste Kunde mit Kohldampf
dann hastig seine "Curry" mampft.

Derweil sind's drei, die auch schon warten,
der Hunger nagt, das kann entarten.
Der Würstchenzar bleibt doch gelassen
„Ist immer so beim Essen fassen".

Gefragt sind seine Raritäten,
im Kiez bekannt als Spezialitäten.
Die Currywurst steht auf Platz zwei
und Pommes Mayo auf Platz drei.

Platz eins nehmen Getränke ein,
hier gibt es alles, außer Wein.
Die besten Kunden sind die Penner,
denn das Pissoire ist hier der Renner.

Der Umsatz ist so richtig klasse,
so klingelt heftig seine Kasse.
Und wenn's dann ist so gegen eins,
dann rennen Kids die Bude ein.

Gefragt wird meist nur noch nach Fritten,
so sind halt deren Mittagssitten.
Die Kids sind nicht sein Hauptgeschäft,
doch in der Summe auch nicht schlecht.

So vergehen die Tage Jahr für Jahr.
Alt wird er nun, der Würstchenzar !
Die Stammkundschaft ist voller Sorgen.
„Wo essen wir die Wurst den morgen"?

Doch eines muss man ihm ja lassen,
mit seiner Zunft "des Essens fassen".
Sein Standort, der war genial,
denn ein Pissoire braucht jeder mal.

* * *

Gute Nacht

Müd' hat mich dieser Tag gemacht,
das Tageswerk ist nun vollbracht.
Die Sonne geht bald unter,
die Mücken werden munter.

Zum Schlafen ist die Nacht gemacht,
die Kinder gehen meist um acht.
So erst in zwei, drei Stunden
die Alten Lust auf Ruhe empfinden.

Im Hause wird es dunkel dann,
sonst niemand richtig schlafen kann.
Und wenn der Mond scheint helle
ist er die einz'ge Lichterquelle.

Verriegelt sind nun alle Türen,
so niemand kann jemand entführen.
Die Nacht ist still im Regelfall,
mucksmäuschenstill ist's überall.

Das einzige was manchmal nervt
und ab und zu die Ruhe noch stört,
dass ist die Uhr und deren Ticken,
und die Nachbarn und die Mücken.

Und soll ein Traum nicht gleich gelingen,
beschäftigt bist mit anderen Dingen.
Dann sollst du Schäfchen zählen
und nichts wird vorerst dich mehr quälen.

Am Morgen dann um sieben halb acht,
vorbei nun ist die dunkle Nacht.
Die Sonne bald am Himmel steht,
der Mond woanders scheinen geht.

Von vorn beginnt der gleiche Frust,
verschwunden ist die Lebenslust.
Ach wär' die Sonne nicht gekommen
dann hät' der Mond noch bleiben können.

* * *

Die silberne Hochzeit

Fünfundzwanzig Jahre sind vergangen,
stets waren sie im Glück gefangen.
Nun gibt es einen Grund zur Freude,
geladen sind die meisten Freunde.

Verwandtschaft ist komplett gekommen,
die Nachbarschaft nicht ausgenommen.
Von fünf Kindern kommen vier.
Acht Enkelkinder sind auch hier.

Nicht zuletzt gibt's noch den Segen,
den lässt sich der Pastor nicht nehmen.
Geschmückt hat man den Weg zur Tür,
derweil zeigt die Uhr schon halb vier.

Das Jubiläumspaar sich nicht blamiert,
der Festsaal ist perfekt kreiert.
Und üppig ist der Tisch gedeckt,
die Kalorien werden eingecheckt.

Der Singverein fängt an zu stimmen.
Gefühle hin und her so swingen.
Am Abend gibt's dann Fleisch vom Schwein,
das muss nur in den Bauch noch rein.

Wenn dann die Mägen sind randvoll,
ein Alleinunterhalter spielt ganz toll.
Das Tanzbein wird mächtig geschwungen,
und einige mit Krämpfen ringen.

Noch niemand will nachhause gehen,
von ein paar Enkeln abgesehen.
Die Party auf dem Höhepunkt,
da wartet noch so mancher Trunk.

Das Silberpaar ist völlig erledigt,
von keinem wird dies auch beschönigt.
Ein viertel Jahrhundert ist die Bagage
beurlaubt bis zur nächsten Farce.

* * *

Die Möhre

Entschuldige bitte dass ich störe,
heut' geht es mal um eine Möhre.
Die Möhre in der Erde steckt,
und als Gemüse ganz gut schmeckt.

Meist schweigend ohne viel Erhebens,
hofft sie auf schönen Werdegang.
Wie ist die Chance in ihrem Leben,
und welche Zukunft steht nun an ?

Sie will sich ausbalancieren,
tut sich für alles interessieren.
Will nicht enden wie die Rübe,
die Aussichten jedoch sind trübe.

Denn wenn sie träumt von großer Freiheit,
dann träumt der Hase schon von ihr !
Und wenn der Bauer sie mal holt,
dann geht's ihr auch nur wie dem Kohl.

Ach wenn sie nur ihr enges Loch,
in dem sie steckt, mal tauschen würde ?
So wär' dies dann ganz sicher doch
die Überwindung einer ersten Hürde.

Doch sie sieht traurig in die Ferne,
- soweit dies möglich ist -,
und hätte wirklich gerne,
dass niemand sie bald frisst.

Doch es kommt wie es kommen muss,
ein Hase denkt nur an Genuss.
Ganz scheel den grünen Schopf erblickt,
ist klar, wie Meister Lampe tickt.

Nach Hasenart und lautem Scharren,
beginnt er mit dem Buddeln nun.
Will auch zu lange nicht mehr warten,
und hat mit Knabbern dann zu tun.

So nahm das Träumen doch ein Ende,
ein Loch bleibt nur noch im Gelände.
Die Möhre in die Scharte wandert,
das Hasentier kann auch nicht anders !

* * *

Die Gurke

Als bestes Gemüse im letzten Jahr,
der Sieg da für die Gurke war.
Das ist der Gurke recht und schön,
im nächsten Jahr wir weitersehen!

Sie gibt's als Gurke namens Schlange,
vor der jedoch ist niemand bange.
Die Gurke meistens ist recht grün,
das selbst findet sie auch ganz schön.

Einen gelben Bruder hat sie auch,
der hat meist einen dicken Bauch.
An Halloween schlägt seine Stunde,
den Namen Kürbis trägt der Runde.

Nicht allzu glücklich ist die Nächste.
Ihr Dasein ist wohl auch das schrägste.
Im Schraubglas lebt sie jetzt auf Dauer,
und deshalb ist sie ganz schön sauer.

* * *

Der Löwenzahn

Der Löwenzahn recht krautig ist,
d'rum ihn der Hase wohl gern' frisst
Die Blüte ist zunächst schön gelb,
bis sie dann hundertfach zerfällt.

Als Pusteblume geht's dann weiter,
die Kinder finden das sehr heiter.
Sie pusten dann die Samen fort,
danach blüht er dann andernorts.

Er breitet sich recht gerne aus,
der Gärtner rupft ihn dann gleich raus.
Erklärt ihn für den größten Feind,
weil meist woanders er dann keimt.

Sein Name ist recht irreführend,
für einen Löwen nicht gebührend.
So ist er nicht des Löwens Zahn,
die Zacken erinnern nur daran.

Und wenn wir nun mal bilanzieren:
Die Hasenleut' ihn gern verzehren.
Der Gärtner kennt meist' kein Erbarmen.
Doch Kindern freut der Flug der Samen.

* * *

Der Eichbaum

Die Eiche wird oft mehr als alt,
und wächst gern da, wo es wird kalt.
60 Ellen kann die Höhe werden,
ist fest verwurzelt in der Erden.

Sein Laub hat grün gezackte Blätter,
der Stamm ist stark, trotzt jedem Wetter.
Wildschweine gern' die Eicheln fressen,
der Baum lässt sich mit keinem messen.

Im Herbst auch ihm die Blätter fehlen,
weil sie im Wind zu Boden segeln.
Der Baum liefert das beste Holz,
das ist des Schreiners ganzer Stolz.

So fertigt er daraus die Möbel,
dazu nimmt er ganz gerne Dübel.
Auch Türen kann er daraus machen
und viele andere hübsche Sachen.

So ist auch and'res mal gefragt,
das letzte was ein Mensch bedarf.
Das kann ne' hübsche Truhe mal sein
so dass der geht, auch passt hinein.

Die Stunde des Abschieds war gekommen,
die Trauernden haben's leicht genommen.
Das Sarggehäuse ist ein Traum,
das Holz stammte vom Eichenbaum.

* * *

Die Zwiebelsuppe

Die Zwiebel haust zuerst im Keller,
erst später kommt sie auf den Teller.
Damit der Gaumen mittags lacht
wird sie zunächst schön kleingemacht.

Geschehen tut dies meist um elf.
Wenn's spät wird auch mal erst um zwölf.
Auf jeden Fall gehört Schalotte
zur mittäglichen Gemüseflotte.

Sie wird geschnitten mit dem Messer,
wenn es schön scharf ist, geht es besser.
Die Küchenleut' den Job vermeiden,
bevor sie anfangen zu weinen.

Tränen laufen über Suses Wangen,
Der Chefkoch ist schon rausgegangen.
Heulsuse dann ein "Tempo" sucht
und leise vor sich hin nun flucht.

Derweil es köchelt nun die Suppe,
gekocht wird sie für eine Gruppe.
Denn mittags muss sie fertig sein
bevor die Gäste kommen rein.

Die Tafel ist gedeckt mit Suppe,
am Tisch nimmt Platz die ganze Truppe.
Und jeder schlürft ganz ungeniert,
als wär' mit Suse nichts passiert.

* * *

Petrus

Die Himmelspforte kennt fast jeder,
auch Petrus, diesen Türensteher.
Und wem die Stunde hat geschlagen,
der wird den Weg zu Petrus wagen.

Wenn ist dann mal das Ziel erreicht,
macht Petrus es nicht jedem leicht.
Der Himmel ist schon brechend voll,
die Aussichten sind nicht so toll.

Und wie und wer wird nun rein dürfen,
wird Petrus erst genaustens prüfen.
Er lässt weiß Gott nicht jeden rein,
nur wer in petto hat'n Schein.

Wenn nicht, dann macht er klipp und klar,
dass dieses Tor das falsche war.
Hält seine Pforte dann verschlossen,
schockt so fast jeden Zeitgenossen.

Doch Petrus nun mit Tipps nicht geizt,
und jemand kennt, der schön einheizt.
So schickt er ihn zur Konkurrenz,
wo kostenlos der Ofen brennt.

Im Leben schon musst du entscheiden,
willst du als armer Teufel leiden?
Doch hattest du das Geld zuhauf,
dann Petrus nimmt dich gerne auf.

* * *

Vier Pfeifen

Nr. 1

Die Erste steckt im Mund und qualmt,
Sherlock Holmes könnt' das wohl sein.
Das Mundstück vom Gebiss zermalmt,
der Raucher wird von gestern sein.

Nr. 2

Die Zweite steckt im Mund und pfeift,
der Torwart nicht die Chance ergreift.
Der Ball schießt in das eigene Tor,
der Schiedsmann zeigt die Gelbe vor.

Nr. 3

Die Dritte steht allein' nicht da,
ist Teil der Orgel, ist doch klar!
Sie ist bekannt als Unikat,
fast jeder diese Pfeife mag.

Nr. 4

Die Vierte steht am Pult im Saal,
wird jedem Hörer so zur Qual.
Und die Essenz von dem Gedicht;
Auch Politik geht ohne „Pfeifen" nicht.

* * *

Das Gespenst

Das Gespenst, meist weiß betucht,
nachts gerne durch die Gegend spukt.
Es will die braven Leute wecken,
und sie dann ordentlich erschrecken.

Im Märchen meist im Schlosse drinnen,
den Tag mit tiefem Schlaf verbringen.
Erst in der Nacht, so wie die Mücken,
zu ihrem Zeitvertreib ausrücken.

Wenn müde Leut' zu Bette gehen,
dann das Gespenst wird auferstehen.
Dann spuken sie die ganze Nacht,
von abends elf bis morgens acht.

Sie können durch dichte Türen wandern.
So sind sie auch in and'ren Ländern,
Vor Fenstern machen sie auch nicht halt.
egal ob draußen warm ob kalt.

Wie kann man das Problem nur lösen,
denn nachts wollen die Leute dösen.
„Solln wir am Tag die Geister wecken,
Indem sie auch mal sich erschrecken"?

Das Nachtgespenst ist Klassiker,
die Opfer meist Hysteriker.
Die bilden sich den Geist nur ein,
wenn's Licht angeht, dann sehn'se kein'.

Ach was, so lasst es wie es ist.
Der Geist ja auch das Geld nicht frisst.
Sollt lieber zum Psychiater rennen,
danach kann man ja auch gut pennen.

* * *

Die Zange

Die Zange ist vor gar nichts bange,
auch fackeln tut sie meist nicht lange.
Und sitzt ein Nagel am falschen Ort,
gesagt, getan, dann ist er fort.

Sie zerrt und kneift so oft sie kann,
in allen Lagen steht sie den Mann.
Auch wenn sie darf mal etwas trennen,
wird gleich zum Einsatz sie dann rennen.

Ein letztes Beispiel sei genannt,
auch hier sie keine Hemmung kennt.
Denn wenn dich quält ein Zahn im Mund,
schon steckt sie halb in deinem Schlund.

* * *

Die Bürste

Die Bürste in dem Bade liegt,
die Borsten leicht im Wind sie wiegt.
Sie hätte Lust auf einen Rücken,
das würde sie schon sehr entzücken.

Denn fürs Gebiss ist sie zu breit,
das täte ihr dann fast schon leid.
Auch ist sie nicht gemacht für Kleider,
das dürfte sehen nicht der Schneider.

Und Schuhe kann sie gar nicht leiden,
die schwarze Wixe will sie meiden.
Auch den Hund mag sie nicht kämmen,
wahrscheinlich würd' er eh fortrennen.

Das Klo tut sie nicht interessieren
allein schon wegen all den Viren.
Auch Fingernägel gehen nicht,
wenn schwarze Ränder sind in Sicht.

Ein Rücken ist Ihr großer Traum,
die Leidenschaft böt' ihr den Raum.
Den würde sie so gern einmal bürsten,
danach sich so die Borsten dürsten.

Doch bei dem Traum wird es wohl bleiben,
der Rücken will's mit ihr nicht treiben.
Ans Frottee hat er sich gewöhnt
und jede Bürste er verhöhnt.

* * *

Der Apfel

Der Apfel ist beliebt als Obst,
die ganze Menschheit ihn nur lobt.
Auch hat er verschiedene Gesichter,
darüber hinaus viele Geschwister.

Sind's rote, gelbe, süße, saure,
auf dem ganzen Globus sind sie zuhause.
Auf jeden Fall wächst er auf Bäumen
Die Ernte darfst du nicht versäumen..

Als Fallobst wird die Frucht bezeichnet,
wenn sie krankhaft an Fallsucht leidet.
Das Obst gibt's auch als Apfelbrei,
zum Puffer gibt's ihn dann dabei.

Auch liebt man ihn als Apfeltorte,
dem Gaumen fehlen dann die Worte.
Wenn Sahne kommt noch obendrüber,
dann mögen's Dralle noch viel lieber.

Ist von dem Fruchtfleisch nichts geblieben,
dann ihn die Kleinen wohl sehr lieben.
Zu Saft hat man ihn ausgepresst
so wird's ein schönes Kinderfest.

Und ist der Opa mal besoffen,
darüber spricht man nicht gern offen.
Dann wird des Rätsels Lösung sein.
Es war ein Bembel Apfelwein.

* * *

Ceunda

Vielleicht war's neun, vielleicht auch zehn,
genau hab' ich nicht auf die Uhr geseh'n.
Ich sah 'ne Frau auf mich zu kommen,
die hatte wohl die Bahn genommen.

Aus einem Vorort käm sie' her,
da sei das Shoppen ziemlich schwer.
Sie wollte nun zu C&A
„muss ich hier lang oder da" ?

„Einmal links, dann gerade aus
dann steh'n sie vor dem Modehaus."
Bedankt sich nett, eilte so dann fort,
an den von Ihr gesuchten Ort.

Du grüne Neun ich bei mir dachte,
wie ist die denn d'rauf und lachte.
Na ja, so sind'se eben die Weiber,
brauchen jeden Monat neue Kleider.

Geh' dann gemütlich in mein Cafe,
mich nach 'nem freien Tisch umseh'.
Und mein Kaffee kommt dann sogleich
les' meine Zeitung, entspann' mich auch.

Und ist der Kaffee ausgetrunken,
wird der Ober herbeigewunken.
„Mein Kaffeekännchen ist jetzt leer
Ich möchte zahlen, bitte sehr"

Nun steh' ich wieder auf der Gass',
was ich nun seh' ist ziemlich krass.
Die Frau, die nach dem Weg mich fragte,
sich mit `nem Haufen Zeugs abplagte.

Beladen wie ein Lastentier,
die Taschen hängen schwer an ihr.
Prall gefüllt mit neuem Zwirn,
Schweißperlen glänzen auf der Stirn.

„Ach hallo, ich bin es schon wieder,
nachhause möchte ich jetzt gern' lieber.
Wo geht's denn hier zur Bahnstation
bin pleite, muss nachhause schon"

„Einmal rechts dann gerade aus
dann stehen sie vor dem Bahnhofshaus."
Bedankend schreitet so dann
beladen ihren schweren Gang.

Verblüffend sah ich ihr noch nach,
und leise vor mich hin nur sprach.
Wie die im Leben sonst wohl tickt ?
Wohl niemand hat, der sie beglückt ?

* * *

Der Bahnhofswirt

Die Schenke in der Bahnhofsgasse,
lockt nicht gerade an die Masse.
Das Preisniveau ist angemessen,
das Klo kannst du jedoch vergessen.

Wer speisen will fragt nach Bouletten,
das wird schon vor dem Hunger retten.
Und sollte das dann nicht genügen,
musst mit 'ner Zweiten dich begnügen.

Sein Getränkeangebot entspricht der Zeit,
auch ist der Weg zu ihm nicht weit.
Den ganzen Tag die Kiste flimmert.
Der runde Wirt im Schweiße schimmert.

Um elf öffnet er meist die Tür,
bestellt wird dann ein erstes Bier.
Am Tresen hängen dann Gestalten,
die den Betrieb am Laufen halten.

Die Gäste sind bald abgefüllt,
ein leeres Glas schnell nachgefüllt.
Bouletten werden nachgefragt,
Gesülzt wird hier den ganzen Tag.

Wenn dann die Sonne untergeht,
nur noch des Pächters „Fahne" weht,
dann macht er seine Schenke dicht.
Die Stühle wandern auf den Tisch.

Am Montag ist sein Ruhetag
was der Gast ja nicht so mag.
Dann fängt der Wirt oft an zu grübeln
und ist dabei nicht ganz zufrieden.

Bald schlägt die letzte Stunde ihm,
die letzte Runde geht auf ihn.
Die Stimmung ist schon leicht gedämpft,
und er mit letzten Worten kämpft:

„Wer nichts wird, wird Wirt
und wer nicht Wirt wird
wird Bahnhofswirt."

* * *

Der Sack

Der Sack ist für fast alles gut,
was alles so hinein man tut.

Der Räuber rein packt was er klaut.
Zur Flucht es das im Sack verstaut.

Der Nikolaus ihn mit Ramsch befüllt,
und so dem Kind den Wunsch erfüllt.

Sein Inhalt kann auch sein Zement,
der Maurer sich meist diesen gönnt.

Die Gass' schon mal im Sacke endet,
das Fuhrwerk wird halt dann gewendet.

Manch Bahnhof kennt auch diese Art,
der Zug hier keine Durchfahrt hat.

Und wenn mal Flöhe in ihm hausen,
lernst du dann hüten die Banausen.

Auch manche sind rot-weiß gestreift,
die Richtung zeigt, wenn Wind durchpfeift.

Und brauchst du einen Sack mit Kohlen,
den kannst' im Winter dir dann holen.

Die Schotten lieben ihn mit Pfeifen
und dudelnd dann dein Herz ergreifen.

Auch lässt man Müll in ihm verschwinden,
damit ihn andere wiederfinden.

Auch lieben würd' der Müller diesen,
wenn nur nicht wär' das stete Niesen.

Egal, in welcher Form und Stil,
er nützt dem Menschen doch sehr viel.

Ein Sack ist einfach genial,
des Menschen Freund doch allemal.

Und ist er dann mal kugelrund,
na dann, weil das Geschäft halt brummt.

Doch ist der Sack dann einmal alt,
beschimpft wird er als solcher bald.

* * *

Der Schnupfen

Wenn's innen warm und außen kalt,
macht vor der Tür kein Schnupfen halt.

An der Nase willst stets du tupfen,
doch fort davon geht nicht der Schnupfen.

Der Volksmund spricht: Die Nase läuft,
wenn dieser Vorgang sich dann häuft.

Du mit ihr wirst zum Doktor eilen,
er wird sie dann vom Laufen heilen.

Doch ist die Nase fest fixiert,
damit sie dein Gesicht verziert.

Und wenn sie will zum Doktor eilen
den Weg musst du mit ihr dann teilen.

* * *

Der Radieser

Der Radieser ist ein falscher Knabe,
der täuscht nur mit der roten Farbe.
Scharf ist er wie des Messers Schneide,
Er wächst im Grund, und in der Heide.

Er wird geschnitten dann in Scheiben,
nur so sollst du ihn einverleiben.
Die Scheiben klein wie Taler sind
innen weiß und außen rund.

Versteckt sich gern dann im Salat,
und lauert auf sein Attentat.
Wenn du ihn unbemerkt verschlingst,
dein Magen dann mit Krämpfen ringt.

Derweil hast du ihn jedoch intus,
so gleich zum Örtchen flitzen musst.
Und hast so keine Langeweile,
den halben Tag bist du in Eile.

Nun, die Essenz von dem Ereignis,
Gesundes wird auch mal zum Wagnis.
Lass' dies' Gemüse außen vor,
dann schießt du auch keine Eigentor.

* * *

Das neue Heim

Ein echter Meister ist nur der,
der jedem Handwerk macht die Ehr'.
Zum schaffen er den Tag nun nützt,
und ihn so vor der Armut schützt.

Willst du ein Haus gebaut bekommen,
dann müssen wohl die Maurer kommen.
Die Steine ins Mörtelbett sie legen,
am besten rein und nicht daneben.

Damit das Haus bekommt die Haube,
wenn möglich auch mit einer Gaube,
dann ist gefragt ein Zimmermann,
der bringt dann schräg die Sparren an.

Damit es nicht hinein dann regnet,
(der Pfarrer das Haus später segnet),
dann rücken Dachdecker heran,
und decken zu es möglichst dann.

Der Bau, rundum ist er noch offen,
noch auf den Schreiner bleibt zu hoffen.
Der baut dann Fenster und die Türen
das wird zum Wärmeschutz dann führen.

Der nächste Winter kommt ohne Frage
und Wasser brauchst du alle Tage.

So wird der Klempner noch benötigt
wird dann für warmes Wasser tätig.

Wenn eine Farbe ist gewählt,
selbst wird der Pinsel nicht gequält.
Dann ist der Malermeister dran,
damit das Haus schön ausseh'n kann.

Und in der Nacht wird es recht dunkel,
ein paar Sterne nur noch funkeln.
Nun braucht die neue Bleibe Licht,
der Elektriker sein Wort nun spricht.

Auch müssen Möbel noch drin stehen.
Zum Essen soll es in die Küche gehen.
Und viele andere kleine Sachen,
ein Dienstleister wird das noch machen.

Damit das Haus nicht steht im Feld,
verdient der Gärtner noch sein Geld.
Der setzt noch ein paar Koniferen,
fertig ist das Paradies auf Erden.

Das Geld liegt selten auf der Gass',
wenn es nicht reicht wird's meistens krass .
Denn im Scheiden aller Geister,
sind Bänker dann die letzten Meister.

* * *

Das Automobil

Ohne ein Automobil
ist der Mann oftmals labil.
Denn wenn er sonst nichts kann,
das Auto macht ihn dann zum Mann.

Das Auto macht ihn männlich,
sonst ist dies nicht erkenntlich.
Erscheinen stets gemeinsam,
sonst ist der Mann zu einsam.

Gesehen will er werden,
er muss ja für sich werben.
Stets mit der Karre nur,
denn Eindruck macht nicht die Statur.

Schön "edel" sollte es sein,
die Frau sagt sonst womöglich nein.
Und röhren muss es wie ein Hirsch
erfolglos wird sonst seine Pirsch.

Und nicht zuletzt auch schnell,
sonst ist er ja nicht aktuell.
Doch steht er einmal ohne da,
aus ist es mit dem Superstar.

Meist' ist er noch recht jung,
so fehlt im noch der Schwung.
Vielleicht sind knapp auch noch die Mücken,
die Oma muss dann eben zücken.

Sein Hirnkasten ist wohl vakant,
selbst hat er dies noch nicht erkannt.
Als Macho kann er ihn nicht füllen,
und nur mit Blech und Lack umhüllen.

* * *

Die Zunge

Die Zunge sieht man meistens selten,
sie so für brave Sitten gelten.
Und wenn sie sich dann doch lässt blicken,
dann kannst du dir ‚nen Reim d'rauf stricken.

Für dich ist meistens sie Signal,
sie zeigt dir einfach und banal,
was sie so grade von dir denkt,
und ob sie Aufmerksamkeit dir schenkt.

Wenn sie heraus hängt wie beim Hunde;
Verachtung zeigt sie dir im Grunde.
Erscheint sie ähnlich wie bei der Schlange,
dann ist sie vor der Wahrheit bange.

Doch wenn die Spitze sich lässt blicken,
und zärtlich ihre Lippen lecken,
die Lust auf mehr wird mächtig groß,
dann öffnet SIE de(i)n' Kühlschrank bloß.

* * *

Die Flasche

Es war wie stets nur eine Flasche,
die schaute aus der Schultertasche.
In ihr nahm er sie mit nach Hause,
plante so meist' einsam eine Sause.

Wie sie dann auf dem Tische stand,
der Korken gleich aus ihr verschwand.
Sein steter Zug leerte die Flasche,
so war des Trinkers täglich Masche.

Tag ein Tag aus der gleiche Gang,
die Tasche an der Schulter hang,
Geholt wurd' stets der gleiche Stoff,
den er daheim alleine soff.

Die ganze Zeit fand er nach Hause,
doch jetzt war's seine letzte Sause.
Gekriegt hat er niemals die Kurve,
denn sonst er heut' noch leben würde.

* * *

Der Angelfischer

Wie immer stand er dicht am Teich
und hoffte auf Erfolg sogleich.
Wie immer fing er seinen Fisch.
Gedeckt wurd' so sein Mittagstisch.

Doch einmal sollt' es anders sein,
Ein Fisch zog in den Teich ihn rein.
Am Haken hing ein großer Hecht,
dem Angelfischer ging's dann schlecht.

Im Teich endet die Lebensweise,
der Angler wurde selbst zur Speise.
Kein Fisch wird seinen Tisch mehr decken.
Der Hecht tat sich sein Maul nun lecken.

* * *

Die Mücke

Die Mücke ist ein Plagegeist,
und im Verhalten mehr als dreist.
Taucht auf wie Phönix aus der Asche
Dein Körper dient ihr dann als Flasche.

Ihr Opfer bist also dann du.
Sie gönnt dir keine stille Ruhe.
Erst fängt sie an zu summen dann
und setzt gleich dann zum Stechen an.

Sie saugt sich voll mit deinem Blut,
das tut auch nur ihr selber gut.
Auf die Nerven geht sie allen,
sie will ja niemandem gefallen.

Doch eilt ihr Tod sehr schnell herbei,
die Klatsche teilt sie dann entzwei.
So enden Mücken schnell in Stücken,
wenn sie dir mal zu Leibe rücken.

* * *

Der Kater

Nun ist die Rede von einem Kater,
von vielen Kindern ist er Vater.
Die Mütter interessieren ihn nicht,
denn Treue macht er nicht zur Pflicht.

So weiß er nicht was Stress bedeutet,
auch interessieren ihn nur wenig Leute.
Gejagt wird nur nach Lust & Laune.
Er klettert gern' in hohe Bäume.

Er hasst den Tag und liegt im Schatten.
Träumt von Mäusen und von Ratten
Zu Hause liegt er auf der Couch
recht gut bedient wird er da auch.

Erst wenn die Sonne untergeht
findet er das Leben richtig schön.
Dann stromert er durch alle Gärten
auf altbekannt-vertrauten Fährten.

Doch kommt ihm jemand in die Quere
dann wird's für den `ne stramme Lehre.
Zum Abendmahl gibt's Mäuseschenkel,
verschmäht auch nicht den Vogelenkel.

Sein Nahrungsspektrum ist recht breit,
so mancher Mensch stellt Milch bereit.
Und ab und an ruft Vaterpflicht,
das macht auch Sinn, aus seiner Sicht.

Denn Kinder muss es reichlich geben,
denn nur was zählt sind Katzenleben.
Und wenn die Zeit hat ihn genommen,
er in den Katzenhimmel will kommen.

* * *

Hundeleben

Der moderne Hund von heute
ist wie geschaffen für die Leute.
Lebt stets und ruhig an dessen Seite,
sucht ausnahmsweise nur das Weite.

Morgens früh um kurz vor sieben,
wird nicht mehr im Bett geblieben.
Dann holt der Hund die Leine ran,
weil er es nicht mehr halten kann.

Am Abend dann so gegen elf
läuft auch nichts mit „do it yourself".
Das Herrchen kommt erst spät in's Bett,
sonst wird der Hund zu schnell zu fett.

Tagsüber bellt der Hund schon mal,
wenn Langeweile wird zur Qual.
Doch meistens ist er lieb und brav,
er schläft und hat sonst kaum Bedarf.

Zur Mittagszeit gibt's Dosenfutter,
da wird das Herrchen dann zur „Mutter",
Der füllt den Napf bis an den Rand,
der Hund ist außer Rand und Band.

Gelegentlich kommt eine Tante,
die vor Jahren schon erkannte,
dass eine Mahlzeit nicht ausreicht
und dies mit Leckerlis ausgleicht.

So ist nun mal das Hundeleben,
nach was soll sonst ein Köter streben.
Und wenn der Hund wird wie der Herr,
dann wird sein Leben auch meist schwer.

* * *

Der blaue Malavi

Die Menschen lieben die Natur,
und dass nicht immer draußen nur.
Im Aquarium kannst du auch was sehen
musst so nicht vor die Türe gehen.

Die Fische sind meist hübsch und bunt,
darüber freut sich selbst der Hund.
Der Fischefreund war zu begeistern,
hat lang' gespart und soll jetzt scheitern.

Er hat von Fischen keine Ahnung,
und machte Fehler bei der Planung.
Der Fachverkäufer war schon daheim,
10 Guppies, ein Malawi kauft er ein.

Das Aquarium war vorbereitet,
der Einzug wurde eingeleitet.
Die Guppies kamen als erste rein,
der Malawi rückte später ein.

Als dann der muntere bunte Schwarm
in die Nähe des hungrigen Räubers kam,
sah der darin wohl eine Spende,
und für die Guppies war's das Ende.

Der Fische-Freund war sehr empört.
Der Malawi hat ihn sehr gestört.
Hat all die Guppies ihm verschlungen,
das wird ihm nun den Garaus bringen.

Der Köter zeigt schon seine Lefzen,
er wird den Satan gleich zerfetzen.
Der Malawianer ist zu tiefst enttäuscht,
am End' hat's nur den Hund erfreut.

* * *

Der Hund

Viele Variationen kennt der Hund,
völlig wurscht, ob uni oder bunt.
Egal ob als Weibchen, ob als Rüde,
er niemals auf der Welt sein würde,
wenn er des Menschen Freund nicht wäre.
So macht er diesem alle Ehre.

Als Wolf begann seine Karriere,
stets kleiner wurde dann die Schere.
Zwischen Mensch und diesem Wesen,
gibt's in der Geschichte viel zu lesen.
Zigtausend Jahre es nun schon dauert,
der Mensch hat seine Nähe nie bedauert.

Recht freundlich ist die Kreatur,
gelegentlich auch etwas stur.
Nur kennt er auch sein eigen Ich,
das steht ihm zu, ganz sicherlich.
Doch hat er gute Wesenszüge,
anderes zu behaupten wäre 'ne Lüge.

Egal, welche Art ist seine Rasse,
meistens ist er große Klasse.
Auch wenn er ist gemischt,
ein bester Freund stets ist.
Es gibt ihn groß, es gibt ihn klein,
reinen Wein schenkt er meist ein.

Auch gibt er Acht auf dein Zuhause,
wenn du mal fort bist, machst 'ne Sause.
Mal zieht im kalten Winter,
den schweren Schlitten er dahinter.
Mal begleitet sicher er den Blinden,
der würde sonst ja doch nichts finden.

Ist einer mal verschwunden,
der Hund wird ihn schon finden.
Der Polizist liebt den Kollegen,
schon der scharfen Zähne wegen.
Ganz besonders macht er es fein,
wenn Opa, Oma sind allein.

Auch ist der Fiskus nicht verlegen,
allein der Hundesteuer wegen.
Und seine treuen klugen Augen,
stets in deinen Bann dich saugen.
Und wenn du ihm dann gibst sein Futter,
dann darfst du sein wie eine Mutter.

Wo leider niemand d'rüber lacht,
ist, wenn er auf dem Gehweg macht.
Dann solltest du hinein nicht treten,
dein Freund hat nicht darum gebeten.
Doch lassen wir dies mal außer Acht,
der Hund stets allen Freude macht.

* * *

Im Zoo

Die Langeweile gähnt zuhaus',
die Kinder wollen gern mal raus.
Am Nachmittag ist es soweit,
die Familie in den Zoo nun eilt.

Gescheckt sind nun die Eintrittskarten,
die Exkursion kann endlich starten.
Als erstes sind die Löwen d'ran,
die ziehen die Leute mächtig an.

Die Tiger sind auch interessant,
weil mit dem Löwen sind verwandt.
Und nicht zuletzt sind auch die Bären
die, die noch zu erwähnen wären.

Als nächstes kommt dann die Parzelle,
in der darin lebt die Gazelle.
Und die Elefanten mit Trompeten,
wie Giraffen die Beine sich vertreten.

Zebra, Gnu und Vogel-Strauß
sind zeitlebens in diesem Haus.
Sie kennen ihre Heimat nicht,
begafft zu werden ist ihre Pflicht.

Auch das Krokodil ist sehr beliebt,
weil es meist großen Kohldampf schiebt.
Doch ist es mal gesättigt,
es weiter sonst nichts tätigt.

Jetzt geht es in das Schlangenhaus,
auch diese Tiere sollen nicht raus.
Sie züngeln listig hinter Scheiben,
wo sie ihr langes Leben bleiben.

Die Affen sind dem Menschen ähnlich
und finden diese ziemlich dämlich.
Sie kennen auch nur ihr Gefängnis,
die Käfiggitter sind ihr Verhängnis.

Ein Weilchen ist nun schon vergangen
und schauen wer ist noch gefangen.
Da sind die Hipos zu erwähnen
weil sie gelangweilt meistens gähnen.

Die Fische schwimmen im Aquarium
und kommen auch nicht viel herum.
Die "Taucher" sind alle nur trocken
und mit Grimassen sie nur locken.

Auch Vögel gibt es zu bewundern,
doch Käfige sie am Fluge hindern.
Fast alle sind aus Übersee,
wie gut ist doch die Zooidee.

So ist der Sonntag nun gerettet,
die Kinder werden zur Ruhe gebettet.
Ach, wie war der Sonntag fein,
zufrieden sind jetzt groß und klein.

* * *

Das Krokodil

Das Krokodil lebt oft im Nil,
fressen tut es gern recht viel,
und hat es einmal gut gespeist,
es für die nächsten Tage reicht.
Dann ist es meistens friedlich,
doch nach wie vor nicht niedlich.

Fünf lange Meter kann es werden,
der größte Drachen ist es auf Erden,
zig Millionen Jahre ist es alt,
aussterben wird es nicht so bald.
Das Wasser ist sein Element.
Es gerne in der Sonne schwänzt.

Es wächst so lange wie es lebt
wenn's sich bewegt die Erde bebt.
Die Zähne sind verdächtig lang,
beim Anblick wird dir angst und bang.
Auch sind es derer mehr als viele,
seh'n aus wie angespitzte Stiele.

Wehe dem sein Hunger nagt,
sich niemand in den Fluß dann wagt.
Sucht nicht ein Knöchlein dieses Monster.
Blickt gierig, gnadenlos und finster.
Die Augen aus dem Wasser spähen,
für manche wird es Unheil säen.

Mit großer Klappe schlägt es zu,
Schluss ist es mit der Harmonie.
Nun wird geschlungen und gerungen,
die Opfer mit dem Tode ringen.
Doch seine Heimat ist so weit,
das trübt nicht unsere Heiterkeit.

* * *

Der falsche Vogel

Er ist so groß wie eine Taube
und baut sich selbst nicht seine Laube.
Auch hält er nichts von Elternpflicht,
denn seine Kinder kennt er nicht.
Sein Egoismus lässt ihn kalt.
Den Namen ruft er durch den Wald.

Der Eindringling sich Kuckuck nennt
und der sich gut mit Tricks auskennt.
Er legt beim Nachbarn gern sein Ei
und hat die Zeit die folgt dann frei.
Und ist der Fremdling mal geboren,
dann haben die anderen schon verloren.

Das Kuckuckskind ist selbstbewusst,
die anderen aus dem Nest nun schuppst.
So ist es erst mal ganz alleine,
erträgt sein Morden eine Weile.
Versorgt wird's von dem Vogelpaar,
bemerken nicht was da geschah.

So wächst heran der falsche Vogel,
die Kinderstube ist ganz nobel.
Die Herbergseltern staunen mächtig:
"ob dieser Bub wohl uns und echt ist"?
Bevor sie dann mal zu sich kommen,
hat er schon seinen Hut genommen.

* * *

Folivora

Folivora nennt es der Lateiner
ansonsten kennt es ja fast keiner.
Es lebt in Südamerika,
nur selten auch in Panama.

Es ist ,ne einsame Kreatur
so braucht es immer seine Ruhe.
Hat stets ein freundliches Gesicht,
Streit und Stress den braucht es nicht.

Als Nahrung dient ihm nur das Laub.
Mit dem Gehör ist es fast taub.
Auch seine Sicht ist eingeschränkt.
Sein Umfeld er durch tasten kennt.

Das Tier auch sehr behäbig ist,
und keine Zeit in Stunden misst.
Es so auch niemals fliehen kann,
wenn Feinde sich ihm nähern dann.

Es lebt hoch oben im Geäst,
weil es dort meistens sicher ist.
Wenn es dann doch mal muss herunter,
dann wird ein Jaguar oftmal's munter.

So hat das Faultier keine Wahl,
ein Abenteuer wird schnell zur Qual.
Und denkt, da bleib ich lieber oben,
wenn unten fiese Typen toben.

* * *

Der Floh

Niemand ist so recht erbaut,
den Floh zu haben auf der Haut.
So wirst du ungefragt zum Wirt
und liebst nicht was so dann passiert.
Dein Blut ist seine Lieblingsspeise,
auf seiner sprunghaft üblen Reise.

Und hat er dich dann aus erwogen,
dein Blut in sich hinein gesogen,
so springt er ungezielt dann weiter,
zum nächsten, der ist auch nicht heiter.
Und weil er ohne Flügel ist,
der Weitsprung seine Masche ist.

Doch wird der Floh so auch nicht froh,
der Tod droht ihm doch sowieso.
Sein Panzer ist zwar schwer zu knacken,
doch trotzdem hat er nichts zu lachen.
Die Pharmazie schafft manches Gift,
was ihn dann meistens tödlich trifft.

Doch gibt's auch anderes zu berichten.
So woll'n wir ihn mal so belichten;
Mit Zirkus kennt er sich gut aus.
Auf Märkten ist er auch zu Haus'.
Im Sack gefüllt hörst du ihn husten.
Ins Ohr gesetzt hörst du ihn rufen.

Nun hast du ihn dir angeschaut,
das Mikroskop Details erlaubt.
Er ist ein Monster in Miniatur,
der Anblick gleicht dem Schrecken nur.
Dem Teufel dies nur amüsiert,
vielleicht hat er ihn ja kreiert.

* * *

Das Bündnis

Für einen klugen treuen Bund,
gibt's immer einen guten Grund.
Der Hund sei hier zuerst genannt,
ein kluger Mensch ihn nicht verkennt.
Seit Menschen ewigem Gedenken,
wir ihm so unsere Achtung schenken.

Zu Recht kann man nur sagen,
da gibt's auch nichts zu hinterfragen.
Das Herz schlägt an derselben Stelle,
die Freundschaft liegt auf gleicher Welle,
und all die Referenzen
sich bestens doch ergänzen.

Ein Hund, der braucht sein trautes Heim,
der Mensch mit ihm ist nicht allein.
Die Lauscher sind stets ausgefahren,
den Mensch vor Unheil zu bewahren.
Der Hund kommt auch zu seinem Recht,
die Symbiose ist perfekt.

So wäscht die eine Hand die Pfote
und alles bleibt im rechten Lote.
Und wenn sich beide Blicke fangen,
so jeder wird sein Glück erlangen.
Denn Grund zu Zweifel gibt es kaum
und Harmonie füllt stets den Raum.

Es gibt kaum ein Wesen auf der Welt.
das, wenn es allein auf sich gestellt,
zu Rande kommt mit seinem Leben,
würd's da nicht eine Freundschaft geben.
Ein Hund schenkt stets uns seine Treue,
dass wir ihn haben bleibt ohne Reue.

* * *

Die Katze

Die Katze ist so süß und niedlich,
auf dem Sofa liegt sie gerne friedlich.
Ihr Fell ist samtig und so weich,
sie schnurrt wenn man mal drüber streicht.

Doch kann es auch ganz anders sein,
zum Frieden sagt sie auch mal nein.
Ein Blick auf ihre scharfen Tatzen
lässt die Version dann schon mal platzen.

Wenn in ihr wach wird diese Seite,
sucht manches Wesen schnell das Weite.
"Als süß empfinden sie wir Leute.
Gott lob, wir sind zu groß als Beute".

* * *

Die Fliege

An gar nichts Böses denkst du gern,
bis Summen hörst du aus der Fern.
Der leise Ton kommt langsam näher,
der Friede weicht von dir so jäher.

Doch dieses Monster in Miniature
dient nur dem Kreislauf der Natur..
So hat sie auch den Platz in ihr,
auch wenn sie raubt die Nerven dir.

Ihr Tatendrang scheint ist der Flug.
Dein Lebenssinn ist jetzt der Fluch.
Sie hockt sich jetzt vor deine Nase,
aus ist's mit ihrer Lebensphase.

* * *

Die Schlange

Ihre Zunge meistens ist gespalten,
von das die Leute eh' nichts halten.

Für Heuchel ist sie das Sinnbild,
die Fantasien kursieren wild.

Dann ist sie noch mehr lang als dick,
viel mehr sogar, und erst ihr Blick.

Das mögen nicht die meisten Leute,
schon gar nicht die von hier und heute.

Dies Tier ist schon recht sonderbar,
und manchmal giftig auch sogar.

Ihr Opfer überlebt das selten,
wenn ihre Regeln dann mal gelten.

Doch hat sie keine Krallen,
wie soll sie so wen überfallen?

Wenn sich ein Opfer in die Nähe wagt,
dann wird erfolgreich ihre Jagd.

Doch häufig wird sie selbst gefressen,
ihr Gift kann sie dann wohl vergessen..

Die Schlange ist so wie sie ist,
sie tut nichts, wenn du achtsam bist.

Doch trittst du auf sie im Gelände,
dann naht für dich schon mal das Ende.

* * *

Das Nilpferd

Das Nilpferd ist eigentlich kein Pferd,
das hat der Brehm auch schon gelehrt.
Erstens kann man auf ihm nicht reiten
zweitens lässt es sich nicht leiten.

Sein Rücken ist auch viel zu mächtig,
und jeder Reiter wirkt zu schmächtig.
Zudem ist es recht zügellos,
will leben ruhig im Wasser bloß.

Es hat ein ziemlich großes Maul,
der Mensch hat das manchmal wohl auch.
Doch zieret dieses sein Gebiss,
welches zur Panik führen muss.

Und schnell ist es, wenn's mal pressiert,
meist auch was Dummes dann passiert.
Sieh' zu dass du dann Land gewinnst
und nicht in seinem Wasser schwimmst.

Das einzig böse große Tier
was nicht nach deinem Fleische giert
und trotzdem ist schon viel passiert.
Der Mensch nicht seine Wut kapiert.

Im Wasser wird es nie ersaufen.
Auf kurzen Beine kann es schnell laufen.
Von Grass allein ernährt es sich.
Konflikte enden fürchterlich.

Ganz nebenbei sei noch erwähnt
das dieses Tier auch gern mal gähnt.
Doch dieses falsch zu deuten
kann auch nichts Gutes meist' bedeuten.

Eine letzte Sache ist erstaunlich,
für den Betrachter unversöhnlich.
Sein Schwanz zeigt dieses deutlich an,
mit Rotation weit schleudern kann.

Nun machen wir mal Schluss,
ein Flusspferd auch mal schlafen muss.
Kümmer dich um deinen Mist,
dein Leben dann meist sicher ist.

* * *

Erdmännchen

Die Schöpfung hatte einen guten Tag,
kaum gibt es jemand der sie nicht mag.
Vom Erdmännchen jetzt die Rede ist,
Afrika ist seine Heimat, wie ihr wisst.

Es ist recht tapfer und sehr sozial,
Einsamkeit wird schnell zur Qual.
Es lebt mit dreißig Artverwandten,
meist Eltern, Schwestern oder Tanten.

Das Nahrungsangebot ist ordentlich,
es muss sich nur entscheiden noch.
Insekten sind sein täglich Brot,
so kennt es keine Hungersnot.

Es zögert nicht und ist nicht bange
vor einer giftig langen Schlange.
Ein Skorpion schmeckt auch nicht schlecht,
das Gift im Stachel juckt ihn nicht.

Im Rang ganz oben steht nur Sie,
die Kinder sind meistens von ihr.
Das verlangt so die Sozialstruktur,
im Bau zu hausen ist Natur.

Stets wacht für sie ein Wächter dann,
in Ruhe die Meute so fressen kann.
Auf zwei Beinen stehend gibt wer Acht,
das niemand sie zur Beute macht.

Sie sind nicht größer als ein Hase,
nur etwas länger ist die Nase.
Das Wesen ist sehr interessant,
und in der Gruppe amüsant.

* * *

Das Mädchen und der Wolf

Das Mädchen trug 'nen roten Hut,
der schützte vor der Sonne gut.
Im Sommer war's, es war nicht kalt,
sie ging spazieren durch den Wald.

Die Oma wollte sie besuchen,
gleichzeitig dabei Pilze suchen.
Dort traf sie einen Wolf zufällig
und dieser war nett und gesellig.

Gemeinsam gingen sie dann weiter,
die Stimmung beider war recht heiter.
Dann, bei der Oma angekommen,
der Wolf hat sich erst gut benommen.

Die Alte lag in ihrem Bette,
als wenn sie nichts zu tuhen hätte.
Immer mimt sie nur die Kranke,
stets hat sie Hustensaft im Schranke.

Als Oma nun das Paar erblickt,
wutschnaubend wär' sie fast erstickt:
„Was soll das denn, du rote Kappe,
bringst mir ein Vieh mit großer Klappe?".

Der Wolf darauf ist recht beleidigt,
sein Rotkäppchen er gleich verteidigt.
Mit großem Zorn packt er die Oma,
die liegt bis heute noch im Koma.

* * *

Rapunzel

Die Mama bald ein Kind gebar,
in Nachbars Garten Salat da war.
Der Papa sollte ihn stibitzen,
die Mama so vor Krankheit schützen.

Doch eines Tages wurd' er erwischt,
Die Hexe vor ihm stand und zischt:
„Den Rapunzel du berappst,
mit dem Kind was ihr dann habt".

Dann ist es so gekommen,
die Hexe hat das Kind genommen.
Bei ihr wuchs es dann leidlich auf,
so begann Rapunzels Lebenslauf.

Und als die Jugend war gekommen,
sollt Rapunzel in einen Turm nun kommen.
In dem sollte sie ewig hausen,
geschützt so sein vor den "Banausen".

Ihr Zopf war blond und ewig lang,
zum klettern diente es als Strang.
Und wenn die Hex' sie wollt besuchen,
tat sie den Zopf als Seil dann buchen.

„Rapunzel lass dein Haar hernieder
ich, deine "Mutter" ist es wieder
mach hin, ich will zu dir nach oben
der Teufel wird mich dafür loben."

So ging das ewig und drei Tage.
Doch brenzlig wurde dann die Lage,
als ein Prinz des nächtens kam.
Später wurde er ihr Schwarm.

Die Hexe musste er verachten.
Durch Zufall konnte er betrachten,
wie diese in den Turm gelangt.
Ein echter Held war nun verlangt

Und später in der Nacht darauf,
wollt' so der Prinz zu ihr herauf.
„Rapunzel lass dein Haar herunter,
so komm ich hoch und du wirst munter."

Die Hexe hat dies mitbekommen.
Danach hat sie den Turm erklommen.
und hat ihr dann den Zopf gekappt,
und sie dann in den Wald verklappt.

Der Prinz, der dieses ja nicht wusste,
zu Rapunzel wieder steigen musste.
Der Zopf dann aus dem Turme hang,
der Prinz an ihm nach oben schwang.

Doch die Enttäuschung war immens,
als sich die Hexe dann kredenzt.
Wo war Rapunzel abgeblieben?
Was hat die Hexe da getrieben?

Der Prinz verließ im freien Fall,
den Turm mit schmerzlichem Aufprall.
Ein Dornbusch vor dem Tod ihn schützte,
doch vor Erblindung das nichts nützte.

Die Welt für ihn war fortan dunkel.
Nicht ein einzig Sternlein sah er funkeln.
Sein Ende schien ihm greifbar nah,
als doch ein Wunder noch geschah.

Rapunzel stand plötzlich vor ihm
und ihre Tränen benetzten ihn.
Sein Augenlicht war wieder da,
so Finsternis Geschichte war.

Rapunzel stieg zu ihm aufs Pferd,
sind in sein Schloss dann heimgekehrt.
Das Herz der Beider stand in Flammen,
gehörten ewig jetzt zusammen.

Die große Hochzeit kam als bald,
die Vögel sangen es im Wald.
Nur Harmonie und Töne geigten,
und Lust und Liebe Kinder zeugten.

Der Turm im Wald der war da noch,
der Hexe pfiff das letzte Loch.
Der Teufel so den Zopf dann buchte,
wenn er die böse Frau besuchte.

* * *

Sieben auf einem Streich

Ein Schneider saß im Schneidersitz,
die Nadel durch den Stoff so flitzt.
Neben ihm lag ein Stück Kuchen,
nach diesem bald auch Fliegen suchen.

So dachte sich der Stoffbanause:
„Ich mach' nun mal eine kleine Pause".
Er hungrig auf den Kuchen späht,
ist der mit Fliegen übersät.

Erschlug sie mit dem feuchten Lappen,
an dem dann sieben Fliegen pappen,
und jubelt: *„Sieben auf einen Streich"*,
so fürchtet er nicht den Vergleich.

Ein Hemd sich näht aus edler Seide,
Achtung verschafft ihm so das Kleide.
Und stickt hinein noch farbenreich
„Sieben auf einen Streich"

Sein Auftritt dient der Suggestion,
ich werd' der Stärkste sein bald schon.
Auch hörte dann von ihm der König,
denn gute Leute hat er wenig.

Als er beim König angekommen,
Form halber wird er kurz vernommen.

Der König war nicht mehr zu stoppen,
zwei Riesen soll der Schneider foppen.

Als Dank für seinen Erfolg
die Hochzeit mit der Tochter folgt.
Der Schneider suchte nun die Riesen,
die lebten hinter Wald und Wiesen.

Sie schliefen unter einem Baum,
bemerkten so den Schneider kaum.
Und clever warf er einen Stein
auf eines Riesen Nasenbein.

Der wurde wach und aggressiv,
und dachte bei sich instinktiv:
„Das konnte nur mein Kumpel sein"
und schlug auch ein sein Nasenbein.

Verprügeln sich noch die Schädeldecken,
danach konnt' niemand sie mehr wecken.
Zum König dann zurückgekehrt,
in Hoffnung er wird nun vermählt.

Der konnte den Erfolg nicht ahnen
und lenkt sein Plan in andere Bahnen:
„Ein böses Einhorn nervt mich noch.
Fange es vor der Hochzeit noch."

Der Schneider, wenn auch arg frustriert,
verspricht das dieses noch passiert.
Und auch nach kurzer Suche dann,
er dieses Untier finden kann.

Mit List lockt er es vor 'ne Eiche,
das Untier stellt die falsche Weiche.
Sein eines Horn bohrt sich ins Holz,
das war des Schneiders zweiter Stolz.

Als der König vom Sieg nun hörte,
ihm abermals die Hochzeit störte.
Der Held zum dritten Mal rückt aus,
ein wildes Schwein sorgt nun für Graus.

Auch dies' Problem wird er dann lösen,
das Schwein im Kirchhof sah er dösen.
Ins Gotteshaus lockt er es dann,
die Tür fällt zu, es nicht fort kann.

Auch dieses war ne' Meisterleistung,
Der König ändert seine Haltung.
Gab ihm die Tochter nun zur Frau,
des Schneiders Dank galt mehr der Sau.

* * *

Aschenputtel

Drei Töchter hatte diese böse Frau,
die dritte haste sie, das war nicht schlau.
Genannt wurde sie Aschenputtel,
trug darum nur verrußte Kittel.
Sie war viel schöner als die zwei,
doch lief das Glück an ihr vorbei.

Im nahen Schloss in der Provinz,
lebte ein hübscher junger Prinz.
Er sollte sich nun bald vermählen,
und wollt 'ne junge Braut sich wählen.
Im Schloss ein großes Fest fand statt
und jede Frau 'ne Chance dann hat.

Den zwei Schwestern galt nicht die Kunde,
ohne Chance waren sie im Grunde.
Doch machten sie sich trotzdem fein,
und ließen Aschenputtel daheim.
Sie sollte jetzt die Linsen lesen,
zwei Tauben sind dabei gewesen.

Zur späten Abendstunde so gegen zehn,
erschien dem Kind die gute Fee:
„Geh in den Garten, besorg' 'nen Kürbis,
dann schwindet heute deine Trübnis."
Die Zauberei führte zum Traumgespann,
in feinstem Tuch fuhr sie zur Party dann.

Als sie den Ballsaal nun betrat,
der Prinz um einen Tanz sie bat.
Er war nicht mehr zu halten,
ganz plötzlich andere Regeln galten.
Er schien sich mächtig zu verlieben
das Glück doch sollte sich verschieben.

Das Aschenputtel muss schnell nach Haus,
die Zauberkraft ging nun bald aus.
Und auf der Flucht zum Kutschgespann,
verlor sie einen Schuh sodann.
Fest gehangen an der Stufe,
hört sie nicht des Prinzes Rufe.

Am nächsten Tag der Prinz nicht faul,
schwang sich auf seinen edlen Gaul.
Er musste dieses Mädchen finden,
von dem er hat den Schuh gefunden.
Denn nur sie erfüllt die Träume,
das Glück mit ihr so überschäume.

Der Fuß zum Schuh war nicht zu finden,
so musste er sich überwinden.
Die böse Mutter will er besuchen,
will's bei den Töchtern nun versuchen.
Die Töchter sind sehr hoffnungsvoll,
das Resultat doch nicht so toll.

Der eine Fuß ist vorn zu lang,
als er sich in den Schuh so zwang.
Da half auch nicht Amputation,
das Blut im Schuh verriet das schon.
Der zweite Fuß passt auch nicht besser,
auch hier nützt nur ein scharfes Messer.

Auch der Schmerz blieb nicht latent,
das rote Blut nicht unerkannt.
Auch nützte nicht ein Orthopäde,
ein Einsatz eh zu schade wäre.
Die schlechte Mutter ist jetzt sauer,
doch alle drei, die sind jetzt schlauer.

Das Aschenputtel fasst nun Mut,
und siehe da, der Schuh passt gut.
Die Arroganz war nun vorbei,
nur Leid vereinte noch die Drei.
Sortieren selbst nun ihre Linsen,
die Tauben hämisch dabei grinsen.

So greift der Prinz die neue Braut,
das Paar nun in die Zukunft schaut.
Am Ende hat das Glück gewonnen,
zwei Tauben sind wohl auch gekommen.
Jetzt wird der Ball neu aufgelegt,
kein Stein sich in den Weg mehr legt.

* * *

Dornröschen

Ein Königspaar war kinderlos,
der König nahm nie ihren Schoß.
Die Königin am See ging baden
und hörte einen Jüngling fragen:
"Was wünscht sich so die Hoheit denn"?
"Ein Kind", sprach sie, *"beim König klemmts".*

Gesagt getan, knapp ein Jahr weiter,
das ganze Schoss war froh und heiter.
Ein großes Fest des Kindes wegen,
kam vielen Gästen sehr gelegen.
Der Jüngling blieb jedoch daheim,
erstickte so den Streit im Keim.

Im Land gab's dreizehn weise Damen,
die bis auf eine alle kamen.
Für die letzte gab es keinen Teller,
nur zwölf aus Gold waren im Keller.
So war die letzte nicht geladen,
das konnte sie nur schwer ertragen.

Die Weisen dem Kind nur Wünsche schenkten,
wie Glück, Segen und ewiges Gedenken.
Die, von dem Mal war ausgenommen,
hat einen Plan sich vorgenommen.
Mit fünfzehn soll das Kind verenden,
das Schicksal sollte Gift verwenden.

Die letzte Weise, die nur ahnte
was diese böse Hexe plante,
wandelt den Tod in Lebenslang,
so dass es weiterleben kann.
Doch werden hundert Jahre vergehen
bis es wird wieder auferstehen.

Gekommen war nun dieses Jahr,
der Giftanschlag dann auch geschah.
Ihr Jahrhundertschlaf sogleich begann,
und sukzessive folgte dann
die gesamte Schlossmannschaft,
die so auch einschlief beispielhaft.

Und in all den ganzen Jahren
allein die Rosen da noch waren.
Die Dornen über Mauern wuchern,
nicht möglich war es den Besuchern,
die Maid aus Ihrem Schlaf zu wecken,
im Dornbusch blieben sie meist stecken.

Der Zahn der Zeit am Dornbusch nagte,
ein kühner Prinz sich doch nun wagte,
diesen Dornbusch zu durchdringen,
was ihm auch sollte dann gelingen.
Denn hundert Jahre sind verblichen
und Dornen süßen Beeren wichen.

Als er im Inneren des Schlosses
den Saal betrat des Erdgeschosses,
da sah er all die Leute liegen,
die hundert Jahre liegen blieben.
Er betrat nun dann ein Nebenzimmer
in dem das Mädchen schlief, wie immer.

Doch dem Eindringling war nicht bange,
er küsst der Schlafenden die Wange.
Der Kuss hat sie erst aufgeschreckt,
benommen noch, den Prinz entdeckt.
Doch ändert nichts daran die Scham,
den Retter gleich im Arm sie nahm.

Und kurz darauf die ganze Meute,
die Tiere wie auch all die Leute
und nicht zuletzt des Schlosses König
erwachten aus dem Schlaf nicht wenig.
Die hundert Jahre sind Geschichte,
das Schloss erscheint in neuem Lichte.

Von der Magd bis hin zum König,
für kein Fest gab es Gründe wenig.
Auch will der Prinz sich nun vermählen
und seine Braut wird ihn auch wählen.
So gab es hundert Tage lang
ein Fest für diesen Neuanfang.

* * *

Rumpelstilzchen

Ein Müller war stets ohne Mittel,
so ständig brannte ihm der Kittel.
Um die Finanzen aufzustocken,
soll ein Termin beim König locken.
Sodann zum König lief er hin,
und erhoffte so für sich Gewinn.

Bei ihm dann angekommen,
nahm er den ganzen Mut zusammen.
Er prahlte mit seiner Tochter dann,
die Heu in Gold verwandeln kann.
Der König außer Rand und Band,
noch mehr Geld er nicht verdammt.

Die Tochter sollte baldigst kommen,
und mit der Arbeit rasch beginnen.
Er sperrte sie so ins Heu der Scheune,
Wenn's klappt nennt er die Tochter Seine.
Bis morgen früh hast du jetzt Zeit,
vom weinen nass war schon Ihr Kleid.

Ein kleines Männchen ihr Weinen hörte,
und ihm dass mitleidsvoll doch störte.
Klopft er dann an die Scheunentüre,
fragt nach was ihr denn so pressiere?
Vom Gold erzählt sie sorgenvoll,
was sie aus Heu nun spinnen soll.

Der kleine Mann fing an zu lachen,
erklärt, dass er kann dieses machen.
Umsonst jedoch sei nur der Tod,

den Ring gab sie ihm in der Not.
So fing es an zu spinnen,
das Heu zu goldenen Ringen.

Die erste Nacht dann war vergangen,
das Männchen war schon heim gegangen.
Der König kam zur Scheune rein,
und sprach: „Mein Gott,wie kann das sein?"
Überkam ihm doch die große Gier,
befahl dem Mädchen: *„Du bleibst noch hier"*.

Und in der Folgenacht darauf,
macht eine größere Scheune er noch auf.
Auch hier sollte sie spinnen,
mehr Heu zu noch mehr goldenen Ringen.
Das Männchen war wieder gekommen,
als Lohn ein Armreif hat genommen.

Und auch nach dieser langen Nacht,
der König, als er aufgewacht,
nach dem Ergebnis wollte sehen
und musste diesmal auch gestehen,
dass fast es nicht zu glauben war,
was mit dem Heu wieder geschah.

Zum dritten Mal soll sie noch spinnen,
dann dürfte Hoheit sie sich nennen.
Das Männchen auch bereit noch war,
doch für den Lohn war nichts mehr da.
So fordert es ihr erstes Kind,
beginnt die Arbeit dann geschwind.

Die letzte Nacht galt noch dem Spinnen,
und diesmal sollte sie gewinnen.

Des Königs Reichtum wurd' unermesslich,
die Hochzeit so dann unerlässlich.
Ob dies des Mädchens Glück sein würde?
Sie vergaß wohl ihre letzte Hürde.

Und als der König sie genommen,
hat sie von ihm ein Kind bekommen.
Das Männchen übt sich in Geduld,
doch fordert ein nun ihre Schuld.
Die junge Mutter verzweifelt war,
so er ihr eine Chance noch gab.

Und so nun neue Regeln galten:
„Dein Kind kannst du erst mal behalten,
doch meinen Namen musst du nennen,
sonst wird dein Kind dich bald nicht kennen".
Die Mutter fing nun an, das Denken,
sie musste ihren Blutdruck senken.

„Bist du vielleicht Peter, oder Paul,
oder auch Franz, Thomas oder Saul ?"
„Ach was" dementierte nur das Männchen,
„ich bin nicht Heinz und auch nicht Hänschen"
Doch eines Tages verriet im Tanz,
das Männchen seinen Namen ganz.

Als dann das Männchen kam zum Mädel,
da brummte ihm bald nun der Schädel.
Voll Zorn ins Erdreich es sich rammte
als sie den Namen *„Rumpelstilzchen"* nannte.
So hat sie diesen Part gewonnen,
den König doch nie ernst genommen.

* * *

Der Hase und der Igel

Ein Hase will sich messen,
er will der Sieger sein:
"Den Igel, den kannst du vergessen"
und lädt ihn so zum Wettkampf ein.

Nun starten diese beiden Sprinter,
einhundert Meter ist die Bahn.
Doch eine List steckt wohl dahinter,
denn das Ergebnis wird zum Wahn.

Das Langohr völlig abgekämpft
den Igel schon im Ziel erkennt.
Das Hasenblut kocht im Gefäß,
der Igel ruht auf dem Gesäß.

Doch hat der eilige Verlierer
den Stachelritter wohl verkannt
und kommt erst jetzt dahinter!
Im Spiel sind zwei, und sind verwandt.

Gesiegt hat hier nicht der Rapide,
denn dazu war er zu stupide.
Die Eintracht siegte wieder mal.
Frau Igel war's und ihr Gemahl.

* * *

Kreativität

Du nutzt Ressourcen in dir selbst,
wenn du die Weichen richtig stellst. .

Lass dich durch Ängste nicht entführen,
verschlossen bleiben dir nur Türen.

Normen werden meist zum Käfig,
und fördern Kreativität nur wenig..

So wie der Vogel nutzt die Schwingen,
wird Fantasie dir Freiheit bringen.

Tschüss

FSC
www.fsc.org

MIX

Papier | Fördert
gute Waldnutzung

FSC® C083411

Zeitfracht Medien GmbH
Ferdinand-Jühlke-Straße 7
99095 Erfurt, Deutschland
produktsicherheit@kolibri360.de